AF232318

DISCOURS

PRONONCÉ PAR

MONSEIGNEUR OBRÉ

PROTONOTAIRE APOSTOLIQUE

AUX OBSÈQUES DE M. L'ABBÉ HEU,

ANCIEN SUPÉRIEUR DU

SÉMINAIRE DIOCÉSAIN, CHANOINE, VICAIRE GÉNÉRAL HONORAIRE

LE 28 AVRIL 1870.

NOYON

TYPOGRAPHIE D. ANDRIEUX.

—

1870.

OBSÈQUES DE M. L'ABBÉ HEU

DISCOURS PRONONCÉ PAR MONSEIGNEUR OBRÉ,

LE 28 AVRIL 1870.

MESSIEURS ET CHERS CONFRÈRES,

J'élève la voix au milieu de vous ; et pourtant, dès le début, je sens que ce ne sont pas des paroles, mais plutôt des soupirs et des larmes qu'il faudrait laisser tomber sur cette bière... Hélas ! que puis-je dire, en cette triste circonstance, qui soit à la hauteur de vos pensées, qui réponde suffisamment à votre douleur et à vos regrets ?

Si Celui que Dieu nous a donné pour chef et pour père, si notre Evêque était là du moins, il trouverait, lui, sur ses lèvres des accents qui pénétreraient vos cœurs et remueraient profondément vos entrailles. Avec l'autorité qui lui appartient, il saurait aussi faire sortir de la situation douloureuse où nous sommes de saintes et paternelles leçons.

Mais, je le disais hier auprès d'un autre cercueil, auprès du cercueil d'un homme qui portait un grand nom dans le monde et qui a porté dignement aussi le nom de chrétien (1), notre Evêque est loin, bien loin de nous. Plusieurs de ceux qu'il aimait ont eu à se débattre, depuis son départ, dans les dures étreintes de la maladie, et il n'était pas là pour les fortifier et encourager leur patience. Ses amis meurent, et il n'est pas là pour les bénir ; il n'est pas là pour consoler ceux qui survivent !!!

Je ne me berce pas de l'espoir de le remplacer aujourd'hui auprès du nombreux clergé que les obsèques du digne et regretté M. l'abbé Heu ont attiré de tous les points du diocèse. Cependant, puisque j'ai commencé à parler, je continuerai à le faire, vous demandant seule-

---

(1) M. le duc de Crillon, inhumé le 27 Avril.

ment d'accueillir avec indulgence une parole peu préparée, brisée par l'émotion ; vous engageant à compléter par vos souvenirs et vos sentiments affectueux l'insuffisance de ce discours.

Dans la lettre que j'ai écrite, avant-hier, pour faire part de l'événement que nous déplorons, je disais en terminant que ce cher défunt avait été pendant sa vie le modèle de tout le clergé diocésain. Cette parole, je n'hésite pas à la maintenir en présence des autels. Je n'essaierai pas sans doute d'énumérer ici toutes ses vertus et tous ses mérites ; mais je signalerai quatre choses comme faisant le fond de son existence et de sa personne. Ces quatre choses, je les nomme immédiatement, c'est *sa foi*, c'est *sa doctrine*, c'est *son zèle* et *son dévouement*.

Sa foi !... Il la recueillit comme un précieux héritage de famille. Car, vous ne l'ignorez pas, Messieurs et chers Confrères, il eut le bonheur d'appartenir à une famille qui, mieux que bien d'autres, avait conservé un profond respect pour les traditions et les habitudes de la piété chrétienne. Cette famille patriarcale semble avoir eu une large part aux bénédictions accordées au Père des croyants. Elle s'est ramifiée de tous côtés dans notre pays, donnant à la société une foule d'hommes honnêtes et religieux, et à l'Eglise nombre de prêtres, tous plus édifiants les uns que les autres. A l'heure qu'il est, quatre ecclésiastiques portent dignement encore son nom, et il en est autant d'autres qui, pour ne pas le porter, n'en sont pas moins sortis de cette souche féconde et généreuse.

Donc, M. Heu eut le même bonheur qu'un des plus chers disciples de S. Paul, que Timothée : il naquit et grandit dans l'atmosphère de foi que formèrent autour de lui les simples et fortes croyances de ses parents. Cette foi, il l'emporta avec lui, quand il vint ici, au collége, commencer ses études littéraires, sous la haute direction de M. l'abbé Guénard, ce prêtre vénérable parmi tous les autres, ce type si parfait de la piété, de la bonté et de la dignité sacerdotale. Là, cette foi trouva un puissant aliment dans la doctrine des maîtres, et dans toutes les pratiques religieuses qui étaient alors en honneur dans la maison. Et c'est en se développant, en se fortifiant qu'elle communiqua à la vie du jeune écolier un caractère franchement et constamment chrétien. C'est elle qui lui inspira l'esprit d'obéissance, l'amour du devoir, le goût de l'étude et surtout celui des choses de Dieu; c'est elle qui lui donna la sainte énergie dont il avait besoin pour lutter avec lui-même, contre certaines résistances qu'il trouvait au fond de sa nature; c'est elle qui, ses humanités terminées, le décida à faire le sacrifice de toute espérance mondaine, à se donner complétement à Dieu, et à le servir dans notre saint état.

Il partit alors pour le Séminaire de St-Sulpice, et il ne tarda pas à réaliser, aux yeux de ses maîtres et de ses condisciples, l'idéal du bon et vertueux séminariste. Tous ceux qui l'ont connu à cette époque, nous en ont parlé comme d'un modéle de piété, de régularité et d'application. Il a laissé dans leur souvenir l'image d'une foi vivante, de la foi en action. Aussi, quand le jeune Supérieur de notre propre séminaire, actuellement notre Evêque, eut à se donner des auxiliaires pour l'œuvre si importante qui lui était confiée, il s'empressa de faire choix de M. Heu, qu'il avait vu de près et dont il avait toujours admiré la vertu et les succès dans l'étude de la science sacrée.

En arrivant parmi nous, le nouveau professeur n'avait rien extérieurement de ce qui commande, de ce qui impose immédiatement la considération, le respect. Il était jeune, plus jeune que plusieurs de ses disciples; son attitude était simple et modeste; son langage et ses manières sans éclat comme sans apprêt. Et pourtant il fixa bientôt sur lui, sans aucun effort, l'estime, l'affection et la confiance de tous. Son mérite avait percé les dehors qui semblaient le voiler. Son savoir, sa vertu et surtout sa foi s'étaient manifestés et avaient comme enlevé les sympathies respectueuses des âmes droites avec lesquelles il se trouvait en contact. O vous tous, qui avez eu le bonheur de voir et d'entendre, pendant les années de votre séminaire, le professeur, le directeur, le supérieur auquel nous rendons en ce moment les derniers devoirs, ne pourriez-vous pas proclamer avec moi, devant Dieu et devant les fidèles ici rassemblés, que vous n'avez rencontré nulle part une foi plus vive et plus agissante ? Quelle énergie dans ses convictions ! Quel feu surnaturel dans sa parole ! Quelle empreinte de sainteté sur toute sa vie ! Et, vous le savez, ce qu'il était dans sa chaire, dans ses entretiens spirituels, dans l'exercice du saint ministère, il l'était dans les relations les plus familières. En vérité, c'était bien l'*Homme de Dieu* (1 *Tim.* VI, 11) dont parle S. Paul, attaché solidement à *la substance des choses, trouvant dans sa foi la raison de ce que les yeux n'aperçoivent pas (Hebr.* XI, 1). Et l'on pouvait dire continuellement de lui : *Justus meus ex fide vivit, (Hebr.* X, 38); *le juste vit de la foi.* A l'autel particulièrement, comme cette foi éclatait ! comme il en approchait avec gravité ! comme il en franchissait les degrés avec émotion ! comme il s'y montrait pénétré de la sainteté du mystère adorable qui s'accomplissait sous sa parole sacerdotale ! Sa foi déchirait les voiles ; sa foi perçait, écartait la nue qui dérobe à nos regards le soleil de justice. Il semblait voir son Dieu, et il s'abaissait devant sa majesté sainte. Encore une fois, l'on pouvait, l'on devait dire de lui : Ce juste vit de la foi, *justus meus ex fide vivit,* et au terme de sa carrière, il avait le droit de répéter lui-même, après le grand Apôtre : *Cette foi, je l'ai bien conservée; fidem servavi (2 Tim.* IV. 7).

Après avoir parlé de *la foi* de M. Heu, je dois vous parler de *sa doctrine*; et il est doux pour moi de le faire en présence d'un clergé qui connaît l'honneur dû à la science, qui apprécie la nécessité d'être homme de doctrine, quand on a reçu la mission d'être, dans le monde, l'apôtre de la vérité ? Grâce à Dieu, les prêtres de ce diocèse ne se bornent pas à l'estime des études religieuses. C'est justice de proclamer que nombre d'entr'eux déploient le zèle le plus louable pour s'enrichir des trésors de la science sacrée. Or, cependant, Messieurs et chers confrères, il m'est permis de le dire sans craindre de faire l'éloge du mort aux dépens des vivants, en est-il beaucoup parmi nous qui eussent osé mettre leur savoir théologique en parallèle avec la science de notre vénérable ami ?... Ses connaissances étaient à la fois vastes et sûres, et elles étaient chez lui le fruit d'un travail soutenu et opiniâtre en même temps que d'une aptitude toute spéciale. Il avait exploité avec ardeur la mine incomparable, la mine inépuisable de la Sainte-Ecriture, et il y avait trouvé l'or pur de la vérité divine. Il s'était surtout appliqué à l'étude des épîtres de S. Paul, et, à l'exemple des plus grands docteurs, il s'était comme passionné pour les richesses de doctrine que l'on y trouve. Il ne cessait d'en sonder les profondeurs ; et, quand il sortait de ses investigations, il ne parlait de ce qu'il avait vu qu'avec une sorte d'enthousiasme, engageant, excitant les prêtres avec lesquels il s'entretenait, à lire et à relire S. Paul.

Il s'était fait aussi une compagnie de plusieurs Pères de l'Eglise, et il nourrissait son esprit et son cœur de leur enseignement. Tous les théologiens de renom, il les avait, sinon parcourus et lus entièrement, du moins consultés sur toutes les questions importantes. Aussi semblait-il avoir le dernier mot de la science sacrée sur tous les points qu'elle a abordés, sur toutes les conclusions auxquelles elle est arrivée, comme sur toutes les controverses auxquelles elle donne lieu, dans les livres, les écoles ou les conversations sérieuses.

Est-ce à dire pourtant qu'il n'ait jamais changé d'idée ou de sentiment dans les questions librement agitées parmi les théologiens ? Ah! il ne manque pas de ces hommes que l'amour-propre passionne bien plus que la vérité, qui mettent leur honneur à déclarer que leur manière de voir et de penser a toujours été la même, que leurs opinions en toute chose ont été invariables. Comme si l'esprit humain pouvait embrasser toute doctrine, les principes et leurs conséquences, dans une compréhension absolue et irréformable ! Comme s'il n'y avait pas souvent devoir rigoureux de sacrifier certaines idées préconçues, certaines opinions formées sous des influences diverses, des opinions dont on reconnaît la faiblesse et l'inexactitude, quand on y a plus sérieusement pensé, quand on en a fait l'objet d'études personnelles approfondies ! M. Heu n'était pas de ces hommes qui entendent rester absolument immobiles dans leurs opinions comme la statue sur son piédestal, et il nous en a laissé, dans les derniers temps de sa vie, une preuve bien touchante. Elevé, comme beaucoup d'entre nous, dans des idées un peu trop françaises, un peu trop nationales pour être parfaitement catholiques, élevé dans ce que nous appelons les idées gallicanes, il avait cru longtemps pouvoir les professer et les défendre, au moins sur plusieurs points. Il n'eut jamais, assurément, la pensée de rien retrancher des prérogatives que l'Écriture, la tradition, les conciles et les constitutions apostoliques attribuent au Saint-Siége ; mais il lui semblait que les églises particulières avaient quelque droit de revendiquer certains priviléges à l'encontre de ces prérogatives. Il reconnut, à la fin, que la vérité devait être dans une affirmation plus complète des droits du Pontife romain ; et c'est pour manifester ses convictions et les propager autour de lui, qu'il a livré à la publicité son dernier travail, son opuscule *sur l'infaillibilité du Souverain Pontife.*

C'était donc un théologien aussi consciencieux, aussi délicat qu'érudit et savant. Ah ! si Dieu qui distribue ses dons comme il lui plaît, qui fait *les uns docteurs et les autres évangélistes* (Eph. IV, 11), si Dieu qui lui avait donné l'autorité de la foi et de la doctrine avait également mis sur ses lèvres les grâces de la diction, dans ses discours les charmes de l'éloquence, quel éclat n'aurait-il pas jeté dans l'Église ! Il aurait laissé derrière lui un rayon lumineux qui, longtemps, eût éclairé l'horizon et réjoui tous les regards.

Son zèle, Messieurs et chers Confrères, suppléa aux qualités brillantes qui ne lui avaient pas été départies au même degré que les qualités solides et plus essentielles. Il en était tout rempli, tout pénétré ; et si sa modestie, en voilant à ses yeux ses meilleures vertus, ne l'avait pas toujours empêché de se poser comme modèle et de rechercher l'estime publique, il aurait pû se faire un blason et adopter pour devise cette parole de l'Ecriture : *Je suis dévoré de zèle pour l'honneur de la maison de Dieu : Zelus domûs tuæ comedit me (Psalm.* LXVIII, 10).

Qu'est-ce que le zèle religieux ? Personne de vous ne l'ignore, Messieurs. C'est une étincelle du feu sacré que Jésus-Christ, notre divin Maître, est venu allumer sur la terre. C'est la flamme qui brûle au cœur du bon prêtre et qui tend sans cesse à échauffer tout ce qui l'entoure. C'est, dans des termes plus simples, la résolution prise, la résolution bien ferme de travailler généreusement, de se dépenser entièrement pour la gloire de Dieu, l'exaltation de la sainte Eglise et le salut des âmes. Or, qui, plus que notre vénérable défunt, portait en lui-même ce grand et noble sentiment ? Depuis le soir où il accepta les fonctions de directeur du Grand-Séminaire, jusqu'à celui où il crut devoir remettre entre les mains de son Evêque le titre de supérieur, que dis-je ? jusqu'au dernier jour de sa vie, jusqu'au moment suprême, ne se montra-t-il pas animé du zèle le plus ardent et le plus actif ? Dans l'intérieur du Séminaire, quelle sollicitude incessante, quelle pieuse anxiété pour tout ce qui touchait aux intérêts sacrés qu'il s'était promis de défendre et de promouvoir ! Que de leçons et d'exhortations salutaires ! que de conseils, que d'avis donnés, que d'avertissements multipliés sous toutes les formes !

Reportez-vous par la pensée, Messieurs, à l'époque où vous aviez ce digne prêtre pour maître; ne le voyez-vous pas constamment au milieu des élèves dans l'exercice d'un modeste, mais fructueux apostolat ? Il prend toute chose fortement à cœur, encourageant vivement ce qu'il aperçoit de bien, souffrant de ce qui n'est pas dans l'ordre; se reprochant presque les faiblesses et les défaillances qu'il ne peut empêcher, toujours prêt à dire avec l'Apôtre (2 *Cor.* XI, 29) : *Quis ex vobis infirmatur... et ego non uror ?* Son intelligence, ses forces, sa vie appartiennent à la grande œuvre à laquelle il s'est consacré. Il ne se donne ni repos ni trève, qu'il n'ait contribué à former Jésus-Christ dans les âmes, *donec formetur Christus in vobis (Gal.* IV, 19). Et ce mouvement admirable du saint prêtre ne se ralentit jamais, et il sembla aller toujours croissant pendant une vie sacerdotale de quarante-cinq ans.

Au moment où il se retira du Grand-Séminaire, il était bien autorisé à se renfermer dans ses fonctions canoniales et à se donner du repos. Mais loin de là, il se livra aux œuvres extérieures avec un zèle qui parut le rajeunir. L'œuvre des apprentis, qui a pour but de préserver les jeunes ouvriers de l'entraînement des passions et des mauvaises compagnies, attira son attention et devint l'objet de ses soins assidus. La Société de Saint-Vincent-de-Paul n'avait pas de prêtre directeur. Il fut nommé en cette qualité par Monseigneur, et il s'occupa aussitôt avec activité de recruter des membres nouveaux et d'établir, à défaut de l'unité, qu'une mesure déplorable a brisée, des liens de charité avec toutes les confréries diocésaines. Il assistait avec exactitude à toutes les réunions de la Conférence de Beauvais, saisissait toujours avec empressement l'occasion d'adresser les conseils les plus sages et les plus édifiants. L'œuvre de Saint-François de Sales, pour la diffusion des bons livres et les secours à donner, soit aux églises pauvres, soit aux écoles chrétiennes, lui doit son existence parmi nous. Il ajoutait ces soins à la part qu'il prenait à l'Administration épiscopale, à la direction des missions diocésaines, à la haute surveillance des catéchismes, qui nécessitait de sa part une correspondance considérable, à l'examen des conférences ecclésiastiques, dont il rédigeait les programmes, et à des prédications assez fréquentes encore dans les paroisses et dans les communautés religieuses. Et ces occupations si nombreuses, et auxquelles on se demande comment il pouvait suffire, ne l'avaient pas empêché de continuer son œuvre de prédilection, œuvre ingrate en apparence. mais belle et sublime devant Dieu et devant les hommes : la confession des petits savoyards et la préparation des enfants de fabrique à la première communion .. Oh ! encore une fois, il avait bien le droit de prendre pour devise la parole du psalmiste : *Zelus domûs tuæ comedit me.*

Et maintenant, que dirai-je de *son dévouement?* Comptez ses sacrifices, et voyez si cette âme généreuse ne s'est pas toujours immolée aux intérêts sacrés qu'elle servait.

Il commença par sacrifier *sa fortune.*

M. Heu avait des biens, de l'aisance : il n'hésita pas à engager ce qu'il possédait en garantie des sommes considérables qu'il fallut dépenser pour la fondation du Petit-Séminaire de St-Lucien et la création de l'Institution St-Vincent. Si son patrimoine ne fut pas atteint, s'il resta indemne, il faut l'attribuer aux circonstances qui favorisèrent dans le principe la prospérité de ces établissements ; mais il n'en doit pas moins avoir aux yeux du Diocèse, comme il l'a devant Dieu, le mérite du sacrifice le plus généreux. Il lui était facile, depuis lors, de réaliser des économies et d'accroître sa fortune personnelle. Mais ce qui ne lui fut pas strictement nécessaire, passa entre les mains des pauvres, ou servit à soutenir et à consolider les œuvres auxquelles il avait voué son affection. Ce qu'il laisse, en dehors de cette portion de patrimoine qui retourne à sa famille, est peu de chose. A proprement parler, il meurt, comme meurent les saints prêtres, sans dette et sans argent, après s'être dépouillé de ses dernières ressources pour les destinations les plus légitimes et les plus louables.

Il a sacrifié *ses affections* les plus chères. Je ne parle pas des liens de famille rompus, des espérances brisées par la vocation, des jouissances du monde, même les plus irréprochables, qu'il a complètement écartées de son cœur et de sa vie. J'ai surtout en vue, ici, le sacrifice immense que M. Heu a su et voulu accomplir en se séparant de sa famille chérie du grand-séminaire. Vous le savez, Messieurs, il aimait par-dessus tout le grand-séminaire ; il y avait passé trente-cinq ans de sa vie, et, trente-cinq ans, c'est une vie : il avait donc donné la plus large et la meilleure partie de son existence à la formation du clergé, et il avait, pour cette œuvre de l'enseignement, une sorte de passion qui devait l'y tenir attaché jusqu'à l'épuisement de ses jours.

Cependant, un jour, un scrupule entra dans cette âme délicate : M. Heu se demanda avec inquiétude s'il était

encore, s'il était toujours l'homme de sa position. Il se
prit à se défier de lui-même et à se croire insuffisant..
Peut-être, probablement, se disait-il, d'autres mains se-
ront-elles plus habiles que les miennes pour continuer à
diriger cette œuvre si importante.... On eut beau com-
battre ses craintes et chercher à dissiper ses inquiétudes ;
il fallut céder, à la fin, à une persévérance qui s'inspirait
de motifs si élevés. Par là, le digne supérieur donna
l'exemple d'une honnêteté et d'une abnégation non moins
rares qu'édifiantes. Il apprit à tous que les positions, surtout dans l'Eglise, ne sont pas faites pour les hommes,
mais que les hommes sont faits pour remplir les devoirs
de leurs positions, et qu'ils ne doivent pas craindre de
s'en séparer, quand ils ont la conviction qu'ils sont au-
dessous des obligations qu'elles imposent.

Il sacrifia *sa santé* et *sa vie*. Je puis trahir devant des
prêtres le secret de cette belle vie, et dire jusqu'où mon
vénéré collègue et ami portait l'amour des pénitences
corporelles. Il était dur, si j'ose m'exprimer ainsi, il était
brutal à l'égard de lui-même. Il vivait de privations
volontaires. Le nécessaire semblait lui paraître plus que
suffisant : vêtements, ameublements, nourriture, tout
était chez lui d'une simplicité austère. Il s'était appris
à goûter je ne sais qu'elle âpre jouissance dans la
mortification. Son âme était de la trempe de celle
du Saint dont nous célébrons aujourd'hui la fête:
de lui, comme de S. Paul de la Croix, on pourrait
écrire : *Carnem innocentissimam ciliciis, flagellis, ...ac
dura quavis castigatione conterere cœpit* (Brev. Rom.
XXVIII April.). Il avait le droit de dire comme saint
Paul, son *maître* et son modèle (1 *Cor.* IX, 27) : « *Castigo
corpus meum...* Je châtie mon corps et je le réduis en
servitude. » Ce vieillard fatigué, épuisé par une journée
de travail, rentrait chez lui, et, sa veille terminée dans
la prière, il couchait sur la dure, il s'étendait souvent
sur le parquet de sa chambre, et c'est ainsi que char-
treux et trappiste séculier, il passait la nuit... N'est-ce
point à ses austérités de la semaine sainte qu'il faut rap-
porter le germe de la maladie dont le dénouement nous
a été si funeste ?...

Le monde ne comprend rien à ces choses. Il ne sait pas
que les saints, sous l'influence de la grâce, éprouvent
comme un besoin de ressembler à leur Dieu crucifié. Il
ne sait pas que tout le christianisme repose sur la réver-
sibilité des mérites du juste en faveur des coupables, et
que le juste par conséquent aime à souffrir et même à
mourir pour le salut de ses frères. J'ignore ce qui s'est
passé dans l'âme du saint prêtre que nous pleurons, mais
j'ai des raisons de croire qu'à la vue des dangers immen-
ses qui menacent la société chrétienne, il se sera offert à
Dieu comme une victime d'expiation, pour détourner les
coups de sa justice, imitant encore S. Paul et se disant
avec lui : Je complète par les souffrances de ma chair ce
qui manque à la passion de Jésus-Christ, et cela pour son
corps mystique qui est son Eglise, *adimpleo ea quæ de-
sunt passionum Christi, in carne meâ, pro corpore ejus
quod est Ecclesia (Col.* I, 24).

C'est dans ces dispositions qu'il nous a quittés, disant
et redisant continuellement, en regard de son Crucifix :
Miserere, miserere. Dans cette invocation, si je ne me
trompe, il y avait autant de dévouement que d'humilité.
Il demandait grâce et miséricorde pour ceux qui se sont
faits les ennemis de son Dieu, comme pour lui-même.
Du reste, sa patience était admirable et sa résignation
parfaite au milieu des vives douleurs qu'il éprouvait.
Il ne sortait de sa bouche que de pieuses aspirations ou
des paroles de bienveillance et des remercîments pour
les personnes qui lui donnaient des soins. Il paraissait
heureux, et je ne sais quel rayon de joie surnaturelle
éclairait ses traits et semblait nous inviter à éloigner nos
tristesses.

Voilà, Messieurs, autant qu'un faible discours peut le
faire entendre, voilà l'homme, le Prêtre que nous avons
perdu. Il a vécu et il est mort de la mort des justes. Cha-
cun de nous n'a donc qu'un souhait à former, c'est d'avoir
une mort semblable : *Fiant novissima mea horum similia
(Num.* XXIII, 10). Nous prions pour lui, mais assurément,
ce sera à charge de retour ; car, il ne saurait oublier, au
delà de la tombe, près du trône des miséricordes, ceux
qu'il a tant aimés et tant édifiés pendant sa vie.

106